Eckhard Herrmann

Aus meines Herzens Grunde

Gebete für jeden Tag

Claudius

Aus meines Herzens Grunde
sag ich dir Lob und Dank
in dieser Morgenstunde,
dazu mein Leben lang,
dir, Gott, in deinem Thron,
zu Lob und Preis und Ehren
durch Christus, unsern Herren,
dein' eingebornen Sohn.

Evangelisches Gesangbuch 443

Inhalt

Vorwort

Martin Luther hat das Gebet einmal mit einer Arznei verglichen. Nicht für sich zu behalten, sondern vor Gott zu bringen, was das Herz bewegt – Freuden und Sorgen, Hoffnungen und Ängste, Dankbarkeit und Bitten –, und dabei Entlastung erfahren, Ruhe finden und neue Kräfte sammeln, das tut gut. In jeder Lebenslage.
Dieses Büchlein möchte zum Lesen, zum Nachdenken, zum Mitbeten einladen und ermutigen.
Wer die stets wiederkehrende Anrede „Gott" durch seine persönliche Gottesanrede und Worte wie „Menschen" oder „andere" durch die Namen vertrauter Personen ersetzt, wird hinter den gedruckten Formeln bald seine eigenen, individuellen Gebete finden.
Ich danke allen, die mich zu diesem Buch angeregt und bei seiner Entstehung mit Rat und Tat begleitet haben, insbesondere den Mitarbeitern des Claudius Verlages, Dr. Dietrich Voorgang, Heidrun Barth und Heide Warkentin, für die gute, vertrauensvolle Zusammenarbeit.

Baldham bei München
im Sommer 2005

Eckhard Herrmann

„Du höchstes Licht, du ewger Schein"

Tag und Nacht

Du höchstes Licht, du ewger Schein,
du Gott und treuer Herre mein,
von dir der Gnaden Glanz ausgeht
und leuchtet schön so früh wie spät.

Evangelisches Gesangbuch 441

Ich freue mich auf diesen Tag

Ein neuer Tag,
Gott.
Vögel haben mich geweckt mit ihrem
Zwitschern
und die Sonne mit ihren Strahlen.
Das hat es mir leicht gemacht aufzustehen.
Ich freue mich auf diesen Tag,
der so schön begonnen hat.
Ich bitte dich,
Gott,
lege deinen Segen
auf mich und diesen Tag.
Was ich mir vornehme –
lass du es gelingen.
Was ich beginne –
führe du es zu einem guten Ende.
Was mich belastet –
hilf es mir tragen.
Sei und bleibe bei mir –
bis es Abend wird
an diesem schönen Tag.

Ich habe mir viel vorgenommen

Gott,
ich habe mir heute viel vorgenommen.
Ich bitte dich,
gib mir die Konzentration,
die ich brauche,
schwierige Aufgaben zu lösen,
und Humor,
der mir hilft, ruhig zu bleiben,
wenn manches nicht so läuft,
wie ich es mir vorstelle.
Schenke mir Durchsetzungskraft,
aber bewahre mich vor Rücksichtslosigkeit.
Lass mich meinen Mitmenschen mit
Verständnis begegnen
und meinen eigenen Schwächen mit
Gelassenheit.
Begleite mich an diesem Tag,
an dem ich mir so viel vorgenommen habe.

Erhelle meinen Tag!

Ich habe schlecht geschlafen,
Gott,
in dieser Nacht.
Immer wieder war ich wach,
habe nachgedacht über das, was war,
habe gegrübelt über das, was ist,
und habe mich gefürchtet vor dem, was
kommt.
Ich bitte dich,
Gott,
wandle meine Sorgen in Zuversicht,
meine Ängste in Vertrauen,
meine Verzagtheit in Mut.
Vertreibe die Schatten der Nacht,
nimm von mir die Dunkelheit,
in der ich mich zu verirren drohe,
lass es Licht werden in mir,
dass ich den richtigen Weg finde
und ich voller Hoffnung
diesem Tag entgegenblicken kann.

Schenke mir Sinn für Humor!

Schenke mir eine gute Verdauung, Herr,
und auch etwas zum Verdauen.
Schenke mir Gesundheit des Leibes
mit dem nötigen Sinn dafür,
ihn möglichst gut zu erhalten.

Schenke mir eine heilige Seele, Herr,
die das im Auge behält, was gut ist und rein,
damit sie im Anblick der Sünde nicht
erschrecke, sondern das Mittel findet, die
Dinge wieder in Ordnung zu bringen.

Schenke mir eine Seele,
der die Langeweile fremd ist,
die kein Murren kennt und kein Seufzen und
Klagen, und lass nicht zu, dass ich mir allzu
viel Sorge mache um dieses sich breit
machende Etwas, das sich „Ich" nennt.

Herr, schenke mir Sinn für Humor,
gib mir die Gnade, einen Scherz zu verstehen,
damit ich ein wenig Glück kenne im Leben
und anderen davon mitteile.

Thomas Morus

Wir können aus dem Vollen schöpfen

Wie reich unser Tisch heute wieder gedeckt ist!
Wir sind dankbar,
aber auch beschämt
angesichts der Fülle,
aus der wir schöpfen können.
Wir danken dir,
Gott,
dass du es uns so gut gehen lässt.
Wir bitten dich,
lass uns, bei allem, was wir haben,
die vielen nicht vergessen,
denen es am Nötigsten fehlt.
Mache uns bereit,
mit unseren Gaben zu helfen,
dass ihr Hunger gestillt wird.

Wir haben mehr als genug

Dass wir nicht wissen,
wie der Hunger sich anfühlt,
und Mangel uns fremd ist,
dass wir von Armut verschont sind
und Not nur vom Hörensagen kennen –
das verdanken wir dir,
Gott.
Lass uns nicht übermütig werden
angesichts unseres Wohlstands,
sondern dankbar für allen Reichtum,
den du uns schenkst,
und demütig gegenüber denen,
die nicht so viel haben wie wir.

Abendgebet

Herr mein Gott,
ich danke dir, daß du diesen Tag zu Ende gebracht hast.
ich danke dir, daß du Leib und Seele zur Ruhe kommen läßt
Deine Hand war über mir und hat mich behütet und bewahrt.
Vergib allen Kleinglauben und alles Unrecht dieses Tages
und hilf daß ich gern denen vergebe,
die mir unrecht getan haben
Laß mich in Frieden unter deinem Schutze schlafen
und bewahre mich vor den Anfechtungen der Finsternis.
Ich befehle dir die Meinen,
ich befehle dir dieses Haus,
ich befehle dir meinen Leib und meine Seele
Gott, dein heiliger Name sei gelobt.
Amen.

Dietrich Bonhoeffer

Es war ein schöner Tag

Ein schöner Tag geht zu Ende,
Gott.
Ich war von lieben Menschen umgeben,
habe schöne Augenblicke erlebt,
habe mich oft gefreut und habe viel gelacht.
Du,
Gott,
hast mich spüren lassen,
dass du bei mir bist –
in zuversichtlichen Gedanken,
in freundlichen Worten
und in liebevollen Gesten.
Ich danke dir für diesen Tag
und bitte dich:
Sei auch in dieser Nacht bei mir,
lass mich ruhig schlafen,
bewahre mich vor Träumen, die Angst machen,
und gib,
dass ich morgen wieder
gesund und fröhlich aufwache.

Zur Ruhe kommen

Der Tag war lang,
Gott.
Zwischendurch hatte ich das Gefühl,
die Arbeit würde überhaupt kein Ende nehmen.
Eines kam zum anderen,
ständig etwas Neues,
als ob ich nicht schon genug zu tun hätte.
Jetzt aber ist es genug,
Gott.
Was nicht fertig geworden ist –
ich lasse es ruhen
und werde es morgen mit frischem Schwung
angehen.
Du wirst mir helfen,
Gott,
und mich durch den Tag führen.
Mit offenen Augen und wachem Verstand.
Nun aber,
Gott,
lass mich loslassen,
was mich beschäftigt hat und noch immer
beschäftigt,
und zur Ruhe kommen.
Schenke mir
eine gute Nacht.

Ich habe meine Ziele nicht erreicht

Gott,
wieder habe ich nicht geschafft,
was ich mir vorgenommen hatte,
wieder ist vieles von dem liegen geblieben,
was hätte erledigt werden müssen,
wieder habe ich mich zu lange mit
Unwichtigem aufgehalten
und wertvolle Zeit verschwendet,
wieder gehe ich ins Bett
mit dem Gefühl,
meine Pflichten nicht erfüllt zu haben.
Ich bitte dich,
Gott,
lass mich trotzdem Ruhe finden,
lass mich gelassen einschlafen
und lass mich morgen wieder aufwachen
mit neuem Schwung und frischer Energie,
nicht enttäuscht zurückblickend,
sondern zuversichtlich nach vorn schauend,
und fröhlich dem Tag entgegengehen.

Meine Zeit – in deinen Händen

Sieben neue Tage,
Gott.
Vieles liegt schon fest,
muss eingehalten, erfüllt, erledigt werden.
Aber ich weiß,
es wird auch Überraschungen geben,
schöne und ermutigende,
unangenehme und enttäuschende.
Ich lege diese neue Woche in deine Hand –
das Geplante und das Ungeplante,
alles, worauf ich mich freue,
und alles, wovor mir bange ist.
Ich bitte dich,
Gott,
beschütze mich auf meinen Wegen
und bewahre mich vor groben Fehlern,
lass gelingen, was ich mir vornehme,
und hilf mir tragen, was mir zu schwer wird,
lass mich klare Gedanken fassen,
richtige Worte finden
und da sein, wo ich gebraucht werde.
Und schenke mir genügend Zeit –
für die Menschen, denen ich begegne,
für mich
und für dich.

Neue Kräfte sammeln

Gott,
hinter mir liegt eine Woche, die angefüllt war
mit Freuden und Sorgen,
mit Hoffnungen und Enttäuschungen,
mit schönen und auch traurigen Erlebnissen.
Ich bitte dich:
Befreie mich von den Lasten,
die sich in den letzten Tagen angesammelt
haben.
Schenke mir die Gelassenheit,
mich auszuruhen,
und die Fähigkeit,
neue Kräfte zu sammeln
für das, was mich in der nächsten Woche
erwartet.

„Bis hierher hat mich Gott gebracht"

Jahreszeiten und Lebenszeiten

Bis hierher hat mich Gott gebracht
durch seine große Güte,
bis hierher hat er Tag und Nacht
bewahrt Herz und Gemüte,
bis hierher hat er mich geleit',
bis hierher hat er mich erfreut,
bis hierher mir geholfen.

Hab Lob und Ehr, hab Preis und Dank
für die bisher'ge Treue,
die du, o Gott, mir lebenslang
bewiesen täglich neue.
In meine Gedächtnis schreib ich an:
der Herr hat Großes mir getan,
bis hierher mir geholfen.

Evangelisches Gesangbuch 329

Lass es ein gutes Jahr werden!

Was es wohl bringen wird,
dieses neue Jahr?
Mir und anderen,
Menschen, die mir nahe stehen,
und Menschen, die mir fern sind?
Ich bin unsicher,
Gott,
und fürchte mich ein wenig
vor dem, was kommen mag.
Ich bitte dich,
halte deine schützende Hand
über mich und die Meinen,
ja über alle Welt.
Behüte uns vor Schicksalsschlägen
und bewahre uns vor Katastrophen!
Lass es ein gutes Jahr werden!
Ein gesegnetes Jahr!
Ein Jahr, auf dem dein Segen liegt
und das für uns zum Segen wird.

Du warst da in diesem Jahr

Ach Gott,
wieder geht ein Jahr zu Ende.
Je älter ich werde,
desto kürzer kommen mir die Jahre vor.
Immer schneller schreitet die Zeit voran.
In meinen Gedanken lasse ich
die Tage und Wochen dieses Jahres noch einmal vorüberziehen.
Bilder fangen an, sich zu bewegen;
Worte, die gesprochen wurden, gehen mir von neuem durch den Kopf;
Menschen, denen ich begegnet bin,
fühle ich mich nahe.
Schönes habe ich erlebt in diesem Jahr
und ich danke dir dafür,
Gott.
Hindernisse habe ich überwunden,
Lasten habe ich getragen,
Enttäuschungen habe ich hinnehmen müssen.
Manchmal,
Gott,
habe ich dich gesucht
hinter den Fragen, auf die ich keine Antwort,
und in den Rätseln, für die ich keine Lösung wusste.

Nicht immer habe ich dich gefunden.
Und doch warst du bei mir,
hast mich geführt und begleitet,
bewahrt und beschützt
an allen Tagen
und auf allen Wegen.
Das Jahr geht zu Ende.
Mein Dank,
Gott,
bleibt.

Endlich Zeit

Es tut so gut,
Gott,
abzuschalten,
frei zu sein von Terminen und Verpflichtungen,
Zeit zu haben –
für mich, für meine Familie, für dich,
auszuspannen
und neue Kräfte zu sammeln.
Ich sehe vieles mit anderen Augen –
die Umgebung, in der ich diese Tage verbringe,
die Menschen, die um mich sind,
mein ganzes Leben.
In jedem froh machenden Gedanken,
in jedem freundlichen Wort,
in jeder liebevollen Geste
spüre ich,
wie nahe du mir bist
und wie gut du es mit mir meinst.
Du,
Gott,
machst mich reich
mit dieser Zeit
und dankbar für alles,
was du mir in dieser Zeit schenkst.

Ein neues Leben hat begonnen

Unser Kind ist da!
Das größte Geschenk,
das du uns machen konntest, Gott.
Ich weiß gar nicht, wie ich dir danken soll.
Ein neues Leben hat begonnen.
Ich bitte dich,
begleite unser Kind auf seinem Weg.
Lass es spüren, wie sehr du es liebst,
und erkennen, wie nah du ihm bist –
in guten und in schweren Zeiten,
in fröhlichen und in traurigen Augenblicken,
Tag für Tag, Schritt für Schritt –
wie ein Vater, wie eine Mutter,
wie ein guter Freund.
Zeige ihm die Schönheit deiner Schöpfung
und den Reichtum des Lebens.
Schenke ihm Glück und Gesundheit
und bewahre es vor Gefahr und Gewalt.
Behüte dieses neue Leben!
Uns aber, Gott, steh bei in der Verantwortung,
die wir für unser Kind tragen.
Lass uns liebevolle Eltern (Großeltern, Paten)
und ihm immer verständnisvolle und
zuverlässige Begleiter sein.
Segne uns und unser Kind!

Du bist mir täglich nahe

Dir verdanke ich,
Gott,
dass ich lebe.
Vom ersten Tag an
hast du mich begleitet
mit deinem reichen Segen.
Du hast mich immer
den rechten Weg finden lassen
und mich sicher zum Ziel geführt.
Schönes habe ich erlebt
und ich konnte mich von Herzen darüber freuen.
Schweres hast du mir tragen geholfen
und mich davor bewahrt,
unter der Last zu zerbrechen.
Dankbar und zufrieden blicke ich zurück,
voller Zuversicht schaue ich nach vorn;
denn ich weiß,
dass du mir nahe bist und nahe bleibst
an allen Tagen meines Lebens
in barmherziger Güte
und unendlicher Liebe.

Gemeinsame Jahre

So lange kennen wir uns jetzt schon!
So viel haben wir miteinander erlebt,
uns zusammen in glücklichen Augenblicken
gefreut
und gemeinsam in schweren Stunden getrauert.
Keines dieser Jahre möchte ich missen,
keinen Tag, keine Stunde.
Ich danke dir,
Gott,
für die Liebe,
die du mir geschenkt hast
durch den Menschen, der mir nahe ist
in jedem Augenblick meines Lebens,
und bitte dich,
halte deine schützende Hand über uns.
Schenke uns noch viele Jahre miteinander
und lass uns diese Zeit als eine schöne Zeit
erleben,
eine Zeit,
die du füllst durch alles,
was du uns gemeinsam erleben lässt.
Bewahre und behüte
uns und unsere Liebe
durch deinen reichen Segen.

Was nun?

Nun ist es soweit,
Gott.
Ich habe den Ruhestand erreicht.
Ich habe mich darauf gefreut.
Auf die Zeit, die ich jetzt habe –
für mich, für meine Familie, für meine Freunde.
Auf die Möglichkeiten, die sich mir bieten,
frei, ohne feste Termine und lästige
Verpflichtungen mein Leben zu gestalten.
Doch zugleich fürchte ich mich auch davor.
Was wird sie bringen –
diese neue und doch zugleich auch letzte
Phase meines Lebens?
Bleibe ich gesund
oder werden die Kräfte bald schon
mehr und mehr nachlassen?
Wird man mich noch brauchen können
oder werde ich für andere
zur Last, ja zur Belastung werden?
Habe ich noch den Mut und die Energie,
Neues zu wagen,
oder hemmt mich der Gedanke,
dass der größte Teil meines Lebens vorüber ist
und mir vielleicht gar nicht mehr viel Zeit
bleibt?

Ich bitte dich,
Gott,
begleite mich durch die Jahre,
die vor mir liegen;
lass diese Zeit für mich
zu einer guten, einer erfüllten,
einer gesegneten Zeit werden,
auf die ich am Ende meiner Tage
dankbar zurückblicken kann.

Nach vielen Jahren

Ein Wiedersehen nach langer Zeit.
Wie viele Jahre sind inzwischen vergangen!
Ich freue mich auf diesen Augenblick,
Gott,
und bitte dich: Sei du dabei,
wenn wir uns wieder begegnen.
Mache uns neugierig aufeinander
und offen füreinander.
Gib, dass Vergangenes wieder lebendig wird,
dass wir die Freude über Schönes
und den Schmerz über Schweres miteinander
teilen,
und lass uns die Gegenwart als etwas
Besonderes erleben.
Als ein Geschenk,
das wir uns gegenseitig bereiten
und das uns gemeinsam froh und dankbar
macht.
Hilf, dass wir unsere Begegnung genießen
können
und später gerne an sie zurückdenken werden,
dass wir einander im Sinn behalten
und uns gegenseitig nahe bleiben
in guten Gedanken
und in herzlicher Fürbitte.

„Ich singe dir mit Herz und Mund"

Lob und Dank

Ich singe dir mit Herz und Mund,
Herr, meines Herzens Lust;
ich sing und mach auf Erden kund,
was mir von dir bewusst.

Ich weiß, dass du der Brunn der Gnad
und ewge Quelle bist,
daraus uns allen früh und spat
viel Heil und Gutes fließt.

Evangelisches Gesangbuch 324

Gottlob, dass ich auf Erden bin

Gottlob, dass ich auf Erden bin
und Leib und Seele habe;
ich danke Gott in meinem Sinn
für diese große Gabe.

Der Leib ist mir doch herzlich lieb,
trotz seiner Fehl und Mängel.
Ich nehme gern mit ihm vorlieb
und neide keinen Engel.

Novalis

Mein Dank kennt keine Grenzen

Gott,
ich weiß gar nicht,
wo ich anfangen soll.
Es gibt so vieles,
wofür ich dir danke.
Meine Familie,
meine Freunde,
meine Gesundheit,
meine Freiheit,
meine Arbeit,
mein ganzes Leben.
Was wäre ich ohne dich!
Du hast mich reich beschenkt.
Nimm meine Freude und meine Fröhlichkeit an
als Dank
für alles,
was ich bin und habe –
durch deine Güte und Barmherzigkeit.

Du machst mein Leben hell

Ich danke dir,
Gott,
für alles,
was du mir schenkst.
Ich lese dein Wort
und spüre,
wie froh es mich macht,
wie es mich zuversichtlich stimmt,
wie es mir den Weg weist
und wie sehr es mich tröstet.
Ich bin umgeben von Menschen,
die mich achten und mögen,
die mich begleiten und die mich unterstützen.
Ich schaue aus dem Fenster
und fühle mich wohl,
dort, wo ich lebe
und wo ich zu Hause bin.
In allem und allen,
Gott,
bist du mir nahe
und machst mein Leben hell.

Du sagst Ja zu mir

Ich bin ich,
weil du Ja sagst
– nicht zu allem,
sondern trotz allem –
zu mir.

Es geht mir gut

Es geht mir gut,
Gott.
Ich bin gesund.
Ich habe Arbeit.
Ich kann mir vieles leisten.
Ich bin umgeben von Menschen, die es gut mit mir meinen und die ich gern habe.
Mir fehlt nichts und dafür danke ich dir.
Umso mehr,
Gott,
bitte ich dich,
lass mich die nicht aus den Augen verlieren,
denen es nicht so gut geht wie mir,
die Probleme haben und von Sorgen geplagt werden,
die krank sind und unter Armut leiden,
die von einem Schicksalsschlag getroffen wurden,
die ins Straucheln geraten sind
und nicht mehr richtig auf die Beine kommen.
Hilf mir, ihnen zu helfen – so gut ich kann.
Mit Geld und Zeit,
mit Verständnis und Vertrauen,
mit passenden Worten und freundlichen Gesten.

Gottes Gabe – unsere Aufgabe

Herr,
unsere Erde
ist nur
ein kleines Gestirn
im großen Weltall.

An uns liegt es,
daraus einen Planeten zu machen,
dessen Geschöpfe
nicht von Kriegen gepeinigt werden,
nicht von Hunger und Furcht gequält,
nicht zerrissen
in sinnlose Trennung nach Rasse, Hautfarbe
oder Weltanschauung.

Gib uns den Mut und die Voraussicht,
schon heute mit diesem Werk zu beginnen,
damit unsere Kinder und Kindeskinder einst
mit Stolz den Namen Menschen tragen.

Gebet der Vereinten Nationen

Schicke, was du willst!

Herr,
schicke, was du willst,
ein Liebes oder Leides;
ich bin vergnügt,
dass beides aus deinen Händen quillt.

Wollest mit Freuden
und wollest mit Leiden
mich nicht überschütten!

Doch in der Mitten
liegt holdes Bescheiden.

Eduard Mörike

Du bist ... mein Gott

Immer wieder versuche ich,
mir ein Bild von dir zu machen,
Gott,
mir vorzustellen,
wer du bist
und wie du bist.
Die Mutter, die sich liebevoll um ihre Kinder kümmert?
Der Hirte, der darauf achtet, dass niemand verloren geht?
Der Gastgeber, der jeden mit offenen Armen empfängt?
Der Knecht, der sich erniedrigt und andere bedient?
Ich weiß,
meine Gedanken können dich nicht fassen.
Denn du bist viel größer, als ich ahnen kann.
Du bist viel mehr, als ich mir vorstellen kann.
Du bist alles, was ich mir nur wünschen kann.
Du bist einzigartig.
Du bist mein Gott.
Ich danke dir.

Gott – meine Lebensquelle

Gott,
du bist für mich
wie eine Quelle,
aus der ich ohne Ende schöpfen kann,
wenn ich müde und matt bin.
Fröhlichkeit und Freude,
Kraft und Energie,
Gelassenheit und Ruhe,
Hoffnung und Zuversicht,
Trost und neuen Lebensmut –
immer wieder stillst du meinen Durst nach
allem,
was ich zum Leben brauche,
nötig wie Wasser.
Ich danke dir,
Gott,
du Quelle meines Lebens,
dass du mich stets von neuem erfrischst.

Gottes Gebote – Angebote zum Leben

Wir haben Sonderangebote,
du,
Gott,
hast besondere Gebote.
Unsere Angebote
sind einmalig.
Deine Gebote
gelten ein für allemal.
Unsere Angebote
versprechen das Beste.
Deine Gebote
verheißen das Gute.
Wir lieben unsere Angebote.
Du gebietest Liebe.
Deine Gebote,
Gott,
sind Angebote für das Leben.

Mein Leben – ein Bild

Mein Leben,
Gott,
kommt mir vor wie ein großartiges Bild.
Einzigartig
und in vielen Farben und Formen.
Mit jedem Gedanken,
mit jedem Wort
und mit jeder Tat
wird das Bild meines Lebens
bunter und abwechslungsreicher.
Du hast es gestaltet,
Gott,
und gestaltest es jeden Tag
aufs Neue.
Durch deinen guten Geist.

Was wäre ich ohne dich?

Was wäre ich ohne dich,
Gott?
Ohne deine zuverlässige Führung auf all meinen Wegen?
Ohne dein wachsames Auge über all meinen Taten?
Ohne dein gutes Geleit an allen Tagen meines Lebens?
Auf Schritt und Tritt lässt du mich spüren,
wie wichtig ich dir bin.
Ich bin ich.
Durch dich,
Gott.

Du siehst das Herz an

Wir sehen nur, was vor Augen ist.
Du aber, Gott, siehst das Herz an.
Du kennst jeden Menschen,
seine Wünsche und seine Träume,
seine Hoffnungen und seine Sehnsüchte.
Du weißt,
wie er fühlt und wie er denkt,
was ihn bewegt und was ihn hemmt,
was ihm fehlt und was ihm gut tut.
Ich bitte dich,
Gott,
lass auch mich die Menschen, mit denen ich lebe,
so sehen, wie sie wirklich sind.
Hilf mir zu erkennen,
was sie auf dem Herzen haben.
Was sie freut und was sie bedrückt.
Worauf sie hoffen und was sie enttäuscht.
Worunter sie leiden und was sie verbergen.
Lass mich die Menschen, mit denen ich lebe,
mit den Augen des Vertrauens
und mit den Augen der Liebe sehen.
Mit den Augen dessen,
der davon lebt,
dass du das Herz ansiehst.

Auf dich kann ich vertrauen

Gott,
ich kann dir alles sagen,
was ich auf dem Herzen habe.
Mit einfachen Worten.
Was mich freut und wofür ich dir danke.
Was mich unsicher macht und wovor ich Angst habe.
Worum ich mich sorge und was mich bedrückt.
Worauf ich hoffe und worum ich dich bitte.
Ich kann zu dir kommen und fest darauf vertrauen,
dass du mich erhörst.
Weil du uns kennst und verstehst wie kein anderer.
Ich danke dir Gott,
dass du mich deine Liebe
jeden Tag aufs Neue spüren lässt.

Du siehst mich

Dass du alles siehst,
Gott,
wurde mir als Kind gesagt,
alles weißt,
alles kannst;
und manchmal wurde mir angst und bange
bei diesem Gedanken.
Oft habe ich mich nicht nur beobachtet,
sondern verfolgt gefühlt.
Von dir,
Gott.
Oft wäre ich lieber für mich gewesen,
unbemerkt,
frei,
hätte mir gewünscht,
dass du wegschaust
und mich in Ruhe lässt.
Heute gehe ich gelassen meinen Weg,
tue, was mir gefällt,
und freue mich meines Lebens.
Und bin dankbar,
dass du auf mich siehst.

Wenn mir die Worte fehlen

Ich bitte dich,
Gott,
wenn mir die rechten Worte fehlen,
mit dir zu reden,
dann nimm meine ungeordneten Gedanken –
meine offenen Fragen,
meine stille Freude,
meine hilflose Ohnmacht,
meinen wortlosen Dank
und meine verzweifelten Bitten –,
als wären es gesprochene Gebete.
Erhöre mich
und lass mich spüren,
dass du da bist.

Du bist ...

Du,

über alles bist du der Hohe,
der Gute, der Mächtige,
der Allmächtige,
der Erbarmende,
der Gerechte,
der Geheime und der Offenbare,
der Schöne und der Gewaltige,
der Feste und der Unbegreifliche,
der Unwandelbare, der alles wandelt.

Nie bist du neu, nie bist du alt
und erneuerst doch alles
und lässest die Hochmütigen altern, und sie merken es nicht.

Immer bist du der Wirkende,
immer der Ruhende,
bist der Sammelnde und nichts Bedürfende,
bist der Tragende, Erfüllende, Schirmende über allem,
bist der Erschaffende, Nährende, Vollendende.

Augustinus

Ich habe dich gefunden

Als ich dich
denkend
berechnen wollte,
Gott,
habe ich dich
verloren.

Als ich
dankend
mit dir gerechnet habe,
habe ich dich
gefunden.

„Hilf, Herr meines Lebens"

Pläne und Ziele

Hilf, Herr meines Lebens,
dass ich nicht vergebens,
dass ich nicht vergebens hier auf Erden bin.

Hilf, Herr meiner Seele,
dass ich dort nicht fehle,
dass ich dort nicht fehle, wo ich nötig bin.

Evangelisches Gesangbuch 419

Fragen

Was soll ich tun?
Woran soll ich mich halten?
Wohin soll ich gehen?
Immer wieder stelle ich mir Fragen,
auf die ich keine Antwort weiß.
Ich bitte dich,
Gott,
hilf du mir,
Antworten zu finden –
durch dein Wort, das mir Orientierung gibt,
durch Menschen, die mich begleiten,
und durch deinen guten Geist,
der mich sehen lässt, was möglich,
und der mich tun lässt, was nötig ist.

In Gottes Namen Gutes tun

Hilf uns, Herr,

dass wir Liebe haben
zu allen Menschen.
Lass uns eines Sinnes sein
untereinander,
mit den Fröhlichen uns freuen,
mit den Weinenden weinen.

Gib, dass wir uns nicht
über andere erheben,
niemandem Böses mit Bösem vergelten,
sondern einander helfen,
die Last des Lebens zu tragen.

Lass uns auf das Gute bedacht sein
und, soviel an uns liegt,
Frieden halten mit allen Menschen.
Hilf uns, das Böse zu überwinden
durch das Gute.

Gotteslob 29,1

Lass mich tun, was ich tun kann!

Gott,
ich will keine Bäume ausreißen,
will keine Berge versetzen,
will keine Wunder vollbringen,
will die Welt nicht auf den Kopf stellen.
Ich will nur mit meiner Arbeit fertig werden,
meine Aufgaben erfüllen,
die Herausforderungen des Alltags bewältigen.
Mehr will ich nicht.
Aber auch nicht weniger.
Deshalb bitte ich dich,
Gott,
gib,
dass ich mich von Rückschlägen nicht
entmutigen lasse,
dass ich meine Grenzen erkenne und
akzeptiere
und dass meine Kräfte ausreichen,
das zu tun,
was ich mir vornehme.

Not wenden

Es herrscht so viel Not,
Gott,
versteckt oder offen,
unsichtbar oder unübersehbar,
in unserem Land und in aller Welt.
Lass nicht zu,
dass ich mich an die Not gewöhne
und gleichgültig werde gegenüber denen,
die unter ihr leiden.
Lass nicht zu,
dass ich zweifle an dem Sinn meiner Hilfe,
weil ich denke,
sie sei ja doch nur
ein Tropfen auf den heißen Stein.
Lass mich tun, was notwendig ist.
Hilf mir, Not zu wenden.

Vielleicht

Vielleicht könnte ich mir heute einen schönen Tag machen.
Vielleicht müsste ich mehr arbeiten.
Vielleicht sollte ich jemanden besuchen.
Vielleicht müsste ich mich mehr engagieren.
Vielleicht sollte ich weniger Hemmungen haben.
Vielleicht könnte ich alles anders machen.
Vielleicht sollte ich weniger nachdenken.
Vielleicht müsste ich mehr lieben.
Vielleicht brauchte ich einfach mehr Vertrauen
zu mir selbst, zu anderen und zu dir,
Gott,
um weniger „Vielleicht“ zu denken und zu sagen.
Ich bitte dich,
Gott,
nimm mir meine Unentschlossenheit!
Gib mir die Kraft,
Ja zu sagen, wenn ich für etwas bin,
und den Mut,
Nein zu sagen, wenn ich gegen etwas bin.
Lass mich ein Mensch sein,
der weiß, was er will, der sagt, was er denkt,
und der tut, was er für richtig hält.

Mein Vertrauen ist dir genug

Manchmal
erwarte ich zu viel.
Von mir selbst.
Von meiner Umgebung.
Und von dir,
Gott.
Und mache
anderen und mir
damit das Leben schwer.
Du,
Gott,
erwartest nichts.
Außer Vertrauen.
Das genügt dir.
Du nimmst uns an,
wie wir sind.
Ohne Wenn und Aber.
Ich bitte dich:
Schenke mir mehr Gelassenheit
und hilf mir,
mir und anderen das Leben nicht schwerer zu machen,
als es ist.

Lass mich meine Freiheit nutzen!

Ich habe alle Freiheiten, die ich brauche.
Ich habe die Freiheit,
mein Leben nach meinen Vorstellungen zu gestalten.
Ich habe die Freiheit,
Entscheidungen zu treffen, wie ich es für richtig halte.
Ich habe die Freiheit,
eigene Wege zu gehen und Neues zu entdecken.
Ich habe alle Freiheiten, die ich brauche;
aber es fällt mir oft schwer,
meine Freiheit richtig zu gebrauchen.
Weil ich unsicher bin
und mutlos,
weil ich nicht weiß, was ich will,
und an mir und meinen Fähigkeiten zweifle.
Ich bitte dich,
Gott,
lass mich die Freiheit nutzen,
die du mir schenkst,
gib mir klare Gedanken,
öffne mir die Augen für das, was zählt,
und lass mich tun, worauf es ankommt.

Ich will auf dich hören

Gott,
du hast uns Gebote gegeben,
Regeln, Ordnungen,
nicht um uns zu bevormunden oder einzuengen,
sondern um uns zu helfen, unseren Alltag zu gestalten,
und um uns das Zusammenleben mit anderen zu erleichtern.
Hilf uns,
zu beachten
und ernst zu nehmen,
was du von uns erwartest,
indem wir auf Jesus Christus sehen,
deinen Sohn,
der bei allem, was er tat, nach deinem Willen gehandelt hat,
und auf den Heiligen Geist,
der uns frei macht, dir zu folgen.

Du führst mich zum Ziel

Es gibt Tage,
Gott,
da kommt mir das Leben vor wie ein Irrgarten.
Ich weiß nicht,
wohin ich zuerst gehen
und was ich als Nächstes tun soll;
und wundere mich am Abend,
dass ich doch mit vielem fertig geworden bin
und erreicht habe, was ich mir vorgenommen
hatte.
Ich danke dir,
Gott.
Ohne, dass ich es gemerkt habe,
hast du mich geführt
und mich mein Ziel erreichen lassen,
sodass ich zufrieden zurückblicken
und zuversichtlich nach vorn schauen kann.

Lass mich zu dir finden!

Schenke mir,
Herr,
ein wachsames Herz,
das kein leichtsinniger Gedanke von dir ablenkt;
ein edles Herz,
das keine unwürdige Leidenschaft erniedrigt;
ein gerades und aufrichtiges Herz,
das kein rücksichtsloses Streben auf Abwege führen kann;
ein starkes Herz, dem kein Problem Angst macht;
ein freies Herz, das sich von keiner ungerechten Macht beherrschen lässt.
Schenke mir,
Herr,
Verstand, der dich erkennt,
Eifer, der dich sucht,
Weisheit, die dich findet,
eine Lebensweise, die dir gefällt,
Beharrlichkeit, die dich glaubend erwartet,
Vertrauen, das dich am Ende umfängt.

Thomas von Aquin

Ich möchte nicht mehr zwanzig sein

Nein,
Gott,
ich möchte nicht mehr zwanzig sein.
Ich möchte auch nicht mehr ganz neu
beginnen.
Aber manches, was hinter mir liegt,
würde ich gerne
noch einmal
und dann anders machen.
Überlegter.
Vorsichtiger.
Rücksichtsvoller.
Besser.
Ich weiß: Das geht nicht.
Deshalb bitte ich dich,
Gott,
lass mich einen Weg finden,
mit meiner Vergangenheit so zu leben,
dass sie mir nicht zur Last wird,
mir nicht den Blick für die Gegenwart verstellt
und mir nicht die Freude auf die Zukunft
nimmt.

Lass mich Ruhe finden!

Gott,
lass mich Ruhe finden.
In der Hektik des Alltags,
im Durcheinander der Meinungen,
im Wirrwarr der Stimmen.
Ruhe für mich.
Und für dich.

Verlange, was du willst!

Herr,
gib mir die Kraft,
alles zu tun,
was du von mir verlangst.

Dann verlange von mir,
was du willst.

Augustinus

Ich ... und die anderen

Gott, ich habe sehr viel mit mir selbst zu tun,
und da sagst du, ich solle allen Menschen
meine Freundlichkeit zeigen.
Ich habe Mühe mit meinem eigenen Schicksal,
ich komme kaum mit meiner Arbeit zurecht
und bin ein Mensch, der sich überwinden muß,
ehe er zu anderen spricht.

Du willst, daß ich an sie alle denke:
Die Nachbarn neben mir und die Bewohner
dieser Stadt.
Die Kollegen, Freunde, Konkurrenten
und die vielen Unbekannten.
Du willst, daß ich mich nicht für besser halte
als sie,
daß ich ihre Fehler leicht nehme und ihre Not
sehe.

Ich soll an den Monteur denken im
Umspannwerk,
der mir in meinem Haus für Strom sorgt.
An den Wachtmeister auf der Kreuzung,
der mir hilft, lebendig in mein Büro zu
kommen.
Die Zeitungsfrau,

die morgens um sechs zuverlässig
vorbeikommt.
Aber auch an das schwarze Mädchen,
das für meine Kinder den Kakao erntet,
an die hungernde Familie im Busch Afrikas
und den streikenden Arbeiter in Rio.

Ich soll mir vor Augen halten,
daß sie da sind und leben.
Du, Christus, bist nahe.
Dein Gesicht ist es, das sie tragen.
Gib mir Freundlichkeit für sie.

Jörg Zink

Ich stehe vor der Tür

Gott,
ich stehe vor der Tür und klopfe an.
Ich bitte dich: Gib, dass mir geöffnet wird.
Ich stehe vor der Tür eines Menschen,
dem ich nahe sein möchte
und von dem mich doch so vieles trennt.
Lass mich die richtigen Worte finden –
freundliche Worte,
Worte, die das Vertrauen fördern,
Worte, die zeigen, wie ernst es mir ist mit
meiner Suche nach Nähe.
Ich stehe vor der Tür einer großen
Herausforderung,
die ich meistern möchte.
Gib mir die Energie, die ich dafür benötige,
die Zuversicht, die mir über Schwierigkeiten
hinweghelfen wird,
die Gelassenheit, die mich davor bewahren
wird,
gleich aufzugeben, wenn etwas nicht gelingt.
Ich stehe vor der Tür eines neuen
Lebensabschnitts,
von dem ich nicht weiß, was er mir bringt.
Lass mich mit Optimismus und Vorfreude
beginnen, was vor mir liegt.

Schenke mir schöne Erlebnisse und gute Erfahrungen;
bewahre mich vor Enttäuschungen und Verletzungen
und führe mich sicher zum Ziel.
Ich stehe vor der Tür und klopfe an.
Ich bitte dich: Lass mich ein Zuhause finden,
wenn ich eingetreten bin
und sich die Tür hinter mir wieder geschlossen hat.

Was wird?

Gott,
ich habe feste Vorstellungen von meinem Leben –
Wünsche, Pläne, Ziele.
Aber ich weiß auch,
dass ich den Weg, der vor mir liegt,
noch gar nicht überschauen kann.
Niemand kann vorhersagen,
wie die Zukunft verläuft.
Ich weiß ja nicht einmal, was der heutige Tag mir noch bringt.
Darum bitte ich dich,
Gott,
nimm mich an der Hand,
lenke meine Schritte,
bewahre mich vor Fehltritten und Irrwegen
und führe mich auf festem Boden sicher durch mein Leben.

Du lässt mich träumen

Ich habe tausend Träume.
So vieles würde ich gerne tun und erleben.
Aber es sind eben nur Träume.
Und dennoch bin ich dankbar für alles,
was du,
Gott,
mich in meinen Träumen sehen lässt –
an Unerreichbarem und Unmöglichem.
Du öffnest mir die Augen
und richtest meine Gedanken auf vieles,
was zu sehen mir gut tut
und was zu entdecken mir Freude bereitet.
Wenn meine Träume vorüber sind
und der Alltag mich wieder hat
mit seinen Pflichten und Grenzen,
dann weiß ich,
dass du auch dann bei mir bist
und mich aufrichtest,
wenn ich darunter leide,
dass die Zeit des Lebens begrenzt ist
und die Möglichkeiten meines Daseins
beschränkt sind,
dass das, was nicht ist, auch niemals sein wird
und dass meine Träume immer nur Träume
bleiben werden.

… dass es reicht für jedermann

Gott,
gestalte, vermehre und lass gedeihen,
dass es reicht für jedermann:
für den Hungernden und den Verwaisten,
für den Begehrenden und den Bittenden,
für den, der es sich nimmt,
für den, der dich preist,
und auch für den, der undankbar davongeht.

Aus Russland

„Halte zu mir, guter Gott"

Kummer und Unbehagen

Halte zu mir, guter Gott,
heut den ganzen Tag.
Halt die Hände über mich,
was auch kommen mag.

Du bist jederzeit bei mir;
wo ich geh und steh,
spür ich, wenn ich leise bin,
dich in meiner Näh.

Gibt es Ärger oder Streit
und noch mehr Verdruss,
weiß ich doch, du bist nicht weit,
wenn ich weinen muss.

Meine Freude, meinen Dank,
alles sag ich dir.
Du hältst zu mir, guter Gott,
spür ich tief in mir.

Evangelisches Gesangbuch Bayern 641

Du hast meine Klage verwandelt

Früher dachte ich,
ich würde dir,
ehe ich beginne,
dich singend zu loben,
erst meinen ganzen Jammer klagen.

Nun habe ich dich geschaut
und bin ganz und gar verändert,
denn du hast mich
weit über mich selbst hinaus getragen.

Mechthild von Magdeburg

Wenn …

Gott,
was wäre, wenn …?
Wenn mir alles gelänge?
Wenn ich mich nie irrte?
Wenn ich keine Fehler machte?
Wenn ich mir nie etwas zu Schulden kommen ließe?
Wenn ich immer nach deinem Willen lebte?
Wenn, wenn, wenn …
Es ist müßig,
Gott,
sich das vorzustellen.
Wem gelingt schon alles? – Mir nicht!
Ich habe mich schon oft geirrt und ich werde mich immer wieder irren.
Ich habe viele Fehler gemacht und ich werde immer wieder welche machen.
Ich habe manche Schuld auf mich geladen und ich richte mich nur selten nach deinem Willen.
Deswegen bitte ich dich um Nachsicht und Vergebung für alles, was ich falsch gemacht habe – aus Unachtsamkeit, aus Dummheit, aus Eigensinn –,
und um die Gabe, es künftig besser zu machen.
Anstatt hinterher zu fragen: Was wäre wenn?

Eigene Fehler einsehen

Wie empfindlich bin ich,
Gott,
wenn ich von anderen kritisiert werde!
Und wie hart bin ich manchmal,
wenn ich an anderen etwas kritisiere.
Ich bitte dich,
Gott,
um die Fähigkeit,
eigene Fehler leichter einzugestehen,
um die Gelassenheit,
Kritik zu hören und anzunehmen,
und um die Bereitschaft,
mich zu ändern.
Und ich bitte dich,
mir zu helfen,
dass ich mich ändere
in meinem Umgang mit anderen,
dass ich mehr Nachsicht übe,
mehr Verständnis zeige
und einfühlsamer und gerechter werde.
Gnädig zu sein,
so wie du gnädig bist,
Gott.
Dass mir das gelingt,
darum bitte ich dich.

Was geschehen ist, ist geschehen

Manchmal, Gott,
wird mir bewusst,
was ich alles falsch gemacht habe
in meinem Leben.
Unüberlegte Worte, leichtfertig dahingesagt,
übereilte Entscheidungen,
nicht eingehaltene Versprechen,
versäumte Gelegenheiten.
Nichts lässt sich nachholen,
nur Weniges wieder gutmachen.
Ich möchte nicht noch einmal von vorn anfangen.
Wahrscheinlich würde ich dieselben Fehler wieder
oder andere neu machen.
Ich nehme mir vor, aufmerksamer zu sein,
einfühlsamer, rücksichtsvoller, verlässlicher.
Ich weiß nicht, ob mir das gelingt.
Deswegen bitte ich dich,
Gott,
um ein ermutigendes oder ermahnendes Wort,
um ein wegweisendes oder „Halt!" gebietendes
Zeichen zur rechten Zeit.
Steh mir bei durch Menschen, die mich kritisch
begleiten und mir helfen, Richtiges zu tun und
Falsches zu vermeiden.

Wir wissen nicht mehr weiter

Wie schön hat alles angefangen
und was hatten wir uns alles vorgenommen!
Nichts und niemand sollte uns je auseinander
bringen können.
Und nun?
Wir reden aneinander vorbei,
gehen uns aus dem Weg,
misstrauen einander,
sind gereizt.
Wo ist unsere Liebe geblieben?
Was soll nur aus uns werden?
Wir wissen nicht mehr weiter,
Gott!
Kannst du uns helfen?
Dass wir einander wieder in die Augen sehen
und uns gegenseitig neu entdecken!
Ich bitte dich,
Gott,
du bist meine ganze Hoffnung!

Es ging nicht mehr

Bis der Tod uns scheidet,
haben wir gesagt,
wollten wir zusammenbleiben.
Der Tod hat uns geschieden:
der Tod unserer Beziehung.
Es ging nicht mehr,
Gott.
Ich weiß nicht,
woran es gelegen hat.
Wir haben Fehler gemacht – beide.
Aber was für eine Rolle spielt das jetzt noch?
Wir bitten dich,
Gott,
lass nicht zu,
dass wir verbittert und zornig zurückblicken,
sondern hilf uns,
das Beste aus unserer Situation zu machen,
einander auch künftig zu achten
und ehrlich und aufrichtig miteinander
umzugehen.
Solange wir leben.

Was bin ich noch wert?

Ständig heißt es:
Du musst jung sein!
Du musst gut sein!
Du musst stark sein!
Du musst leistungsfähig sein!
Aber was ist, wenn wir krank sind oder alt,
wenn wir an unsere Grenzen stoßen
und mit unseren Kräften am Ende sind?
Sind wir dann nichts mehr wert?
Du, Gott, befreist uns von dem Druck,
mit dem wir selbst und mit dem andere uns belasten.
Du nimmst uns an – so, wie wir sind.
Mit unseren Fehlern, mit unseren Schwächen
und mit unserem Versagen.
Du zeigst uns täglich neu,
wie viel wir dir bedeuten
und wie wertvoll wir sind.
Das macht mir Mut,
Gott, zu mir zu stehen,
auch wenn ich nicht mehr jung bin,
wenn ich in den Augen anderer nichts mehr leiste,
wenn ich mich schwach fühle
und wenn ich nicht alle Erwartungen erfülle.

Es ist dunkel geworden

Ich fühle mich einsam,
Gott,
und allein.
Mir fehlen die Kraft und der Mut,
Neues zu beginnen.
Ich habe meine Hoffnung verloren
und weiß nicht mehr weiter.
Es ist dunkel geworden –
in mir und um mich herum.
Ich bitte dich,
Gott,
sieh mich an in meiner Not,
erhöre mein Gebet,
hilf mir tragen, was auf mir lastet,
und führe mich wieder zurück auf den Weg ins Licht.

Ich erinnere mich

Es gibt so vieles,
Gott,
woran ich mich erinnere.
Schönes, das mich froh gemacht hat,
und Schweres, das mich heute noch bedrückt.
Glückliche Augenblicke, die ich am liebsten für
immer festhalten würde,
und traurige Begebenheiten, die mich nicht
mehr loslassen.
Erfolge, auf die ich stolz und für die ich
dankbar bin,
und Entgleisungen, für die ich mich schäme
und die mir Leid tun.
Tage, die wie im Flug vergangen sind,
und Stunden, die nicht vorübergehen wollten.
Ich lege meine Erinnerungen in deine Hand,
Gott,
die heiteren und die belastenden,
und bitte dich,
dass du sie in mir bewahrst –
zur Freude, Gelungenes zu genießen,
und zur Mahnung, Versäumtes künftig besser
zu machen.

Die Scherben meines Lebens

Immer wieder, Gott,
kommen sie mir in den Sinn:
die Scherben meines Lebens.
Unsichtbar sind sie – und doch: Sie sind da.
Die Reste meiner aufgegebenen Pläne.
Die Bruchstücke meiner unerfüllten
Hoffnungen,
die Überbleibsel meiner unerreichten Ziele.
Die Enttäuschungen und die Dummheiten,
die Fehler und die Versäumnisse.
Niemand kann sie beseitigen.
Auch du nicht, Gott.
Aber ich bitte dich:
Hilf mir, sie auf die Seite zu schieben,
die Scherben meines Lebens,
und bahne mir einen Weg,
frei von Stolpersteinen und Hindernissen,
den ich gehen kann
trotz aller Trauer über Versäumtes
und trotz allen Ärgers über Misslungenes.
Nicht verbittert zurückblickend,
sondern guten Mutes nach vorn schauend,
voller Zuversicht,
das Ziel zu erreichen,
zu dem du mich führen willst.

Ich bin unruhig

Ich kann mich nicht konzentrieren,
Gott,
bin mit meinen Gedanken nicht bei der Sache,
höre nicht richtig zu,
wenn mir jemand etwas sagen will.
Ich bin unruhig, unausgeglichen, unerträglich.
Ich bin unzufrieden – mit mir selbst.
Andere haben es schwer mit mir in diesen
Tagen.
Alles Mögliche schwirrt mir im Kopf herum.
Ich bitte dich,
Gott,
gib, dass es bald wieder besser wird mit mir.
Lass Leib und Seele zur Ruhe kommen,
dass ich wieder zu mir selbst finden kann,
dass ich wieder Ich werde.

Lass mich dankbar werden!

Es geht mir gut,
Gott,
ich bin gesund
und ich habe mehr, als ich brauche.
Ich könnte zufrieden sein.
Und dennoch bilde ich mir oft ein,
ich hätte etwas versäumt in meinem Leben,
ich sei irgendwann und irgendwie zu kurz
gekommen,
mir würde etwas fehlen.
Ich weiß,
es ist falsch, so zu denken und so zu reden;
aber mein Verstand
lässt sich nicht in Einklang bringen mit meinen
Gefühlen.
Ich bitte dich, Gott,
nimm mir meine Unzufriedenheit,
die meine Stimmung trübt
und mich in meinem Handeln lähmt.
Lass mich dankbarer werden,
dass ich weniger klage über das, was nicht ist,
sondern mich mehr freue über das, was ist,
und dich lobe,
weil du mir so vieles möglich machst
und mich immer wieder reich beschenkst.

Ich bin, wie ich bin

Manchmal,
Gott,
fällt es mir schwer,
mich selbst anzunehmen –
so, wie ich bin.
Meine Schwächen zu akzeptieren,
zu mein Fehlern zu stehen,
mein Versagen zu ertragen.
Ja zu sagen zu meiner Geschichte,
zu meinem Wesen,
zu meinem Leben.
Ich bitte dich,
Gott,
befreie mich von der Last
meiner dunklen Gedanken,
meiner nagenden Zweifel,
meiner lähmenden Schuld,
und hilf mir,
mich so anzunehmen,
wie du mich angenommen hast.
Als einen Menschen,
der Fehler machen
und Schwächen haben darf.
Und der dennoch von dir geliebt wird.

Vergeben und vergessen

Vergeben,
Gott? – Ja!
Aber vergessen, was mir angetan wurde und
nicht mehr daran denken? –
Nein, das gelingt mir nicht!
Quälende Erinnerungen verstellen mir
den Blick,
traurige Gedanken rauben mir den Schlaf,
düstere Bilder verdunkeln meinen Alltag
und lähmen mich in meinem Tun.
Ich bitte dich,
Gott,
wenn ich schon nicht vergessen kann,
was war,
so mache mich wenigstens frei,
mich an dem zu freuen, was ist.
Lass meine Lust am Gegenwärtigen
größer sein
als die Last des Vergangenen.
Lass mich leben –
nicht, als ob nichts gewesen wäre,
sondern trotz allem, was war,
dankbar für das, was ist,
und zuversichtlich erwartend das, was kommt.

Gutes und Böses

Gott,
mache mich zu einem derer,
die sich freuen, wenn sie Gutes getan haben,
und die um Vergebung bitten,
wenn sie Böses getan haben.

O mein Gott,

deine Vergebung ist weiter
als meine Sünden,
und deine Barmherzigkeit
gibt mir mehr Hoffnung
als meine Werke.

Mohammed

Hilf mir, mich zu ändern!

Ich habe aufgeräumt,
Gott,
beiseite gestellt, was im Weg lag,
weggeworfen, was ich nicht mehr gebrauchen
kann,
Platz geschaffen für Neues.
Jetzt kann ich mich wieder zuhause fühlen
in meinen vier Wänden.
Auch in mir müsste aufgeräumt
und wieder Ordnung geschaffen werden.
Meine überholten Standpunkte,
meine altmodischen Anschauungen,
meine starre Meinung –
ich sollte sie abstauben oder mich gleich davon
trennen und Raum schaffen für Neues.
Für zeitgemäße Ansichten, für erfrischende
Impulse, für befreiende Ideen.
Ich bitte dich,
Gott,
hilf mir abzulegen,
was mir zur Last geworden ist und was mich
für andere zur Last werden lässt.
Hilf mir, mich zu ändern.
Damit ich mich wieder wohl fühlen kann
in meiner Haut.

„Aus tiefer Not schrei ich zu dir“

Angst und Verzweiflung

Aus tiefer Not schrei ich zu dir,
Herr Gott, erhör mein Rufen.
Dein gnädig' Ohren kehr zu mir
und meiner Bitt sie öffne;
denn so du willst das sehen an,
was Sünd und Unrecht ist getan,
wer kann, Herr, vor dir bleiben?

Evangelisches Gesangbuch 299

Gebet in besonderer Not

*Herr Gott,
großes Elend ist über mich gekommen.
Meine Sorgen wollen mich erdrücken
ich weiß nicht ein noch aus.
Gott, sei gnädig und hilf.
Gib Kraft zu tragen, was du schickst.
laß die Furcht nicht über mich herrschen.
sorge du väterlich für die Meinen,
besonders für Frau und Kinder,
schütze sie mit deiner starken Hand
vor allem Übel und vor aller Gefahr.
Barmherziger Gott,
vergib mir alles, was [ich] an dir
und an Menschen gesündigt habe.
Ich traue deiner Gnade
und gebe mein Leben ganz in deine Hand
Mach du mit mir,
wie es dir gefällt und wie es gut für mich ist.
Ob ich lebe oder sterbe,
ich bin bei dir und du bist bei mir, mein Gott
Herr ich warte auf dein Heil und auf dein Reich.
Amen*

Dietrich Bonhoeffer

Ich wünsche mir nur, dass es reicht

Wie lang so ein Monat ist,
wenn man mit wenig auskommen muss!
Ich will nicht klagen,
Gott,
und ich will auch nicht unbescheiden sein.
Es geht schon!
Aber nur,
weil es gehen muss.
Ich weiß: Geld macht nicht glücklich.
Ich kenne die Sprüche!
Aber wenig Geld
macht manchmal unglücklich.
Verzeih mir mein Jammern,
Gott!
Und auch den Neid,
den ich manchmal gegenüber anderen
verspüre.
Und meinen Ärger über die Ungerechtigkeit in
der Gesellschaft,
dass die Reichen immer reicher
und die Armen immer ärmer werden.
Mir macht das zu schaffen,
Gott!
Ich träume von einer Welt,

in der alle genug haben;
in der niemand mehr jammern
und keiner den anderen beneiden muss.
Nein,
Gott,
ich möchte nicht reich sein.
Ich wünsche mir nur,
dass es reicht.

Wenn niemand da ist ...

Ich sehne mich oft,
Gott,
nach einem Menschen,
der mir zuhört,
der meine Sorgen mit mir teilt,
der meine Ängste ernst nimmt.
Ich sehne mich oft
nach jemandem,
der meinen Kummer erkennt,
der meine Zweifel versteht,
der meine Not begreift.
Ich bin froh,
Gott,
und dankbar,
dass ich zu dir kommen kann,
wenn keiner Zeit für mich hat.
Dir kann ich sagen,
was mich bewegt,
was mich bedrückt,
was mich belastet.
Du bist da für mich
und für jeden,
der dich braucht.
Du bist da,
wenn sonst niemand da ist.

Du lässt uns nicht fallen

Herr meiner Seele,
du hast versprochen,
wer immer dich kennt,
den wirst du nicht fallen lassen,
nicht in die Tiefen,
nicht in die Höhen,
nicht in die Breiten,
denn du bist die Liebe,
die auch die größte Verbreitung des Bösen
nicht überwinden kann.

Hildegard von Bingen

Sieh mich an, Gott!

Ich sehne mich nach dir,
Gott,
und kann dich nicht finden.
Ich rufe dich
und höre keine Antwort.
Mir fehlen die Worte,
dir zu sagen, wie es mir geht.
Ich weiß nicht mehr weiter.
Ich verliere den Boden unter den Füßen
und sehe niemanden,
der mich auffangen würde.
Keinen Menschen weit und breit.
Und auch dich nicht, Gott.
Siehst du nicht, wie verzweifelt ich bin?
Hast du mich vergessen?
Oder bin ich dir nichts mehr wert,
dass du mich so allein lässt
in meiner Not?
Ich erwarte keine Wunder!
Ein kleines Zeichen nur,
das mich einen Hoffnungsschimmer
in meiner Dunkelheit entdecken lässt.
Mehr nicht!
Von dir, Gott!
Ich bitte dich!

Ich finde keinen Sinn

Wie kann es geschehen,
dass Tausende einer Naturkatastrophe zum
Opfer fallen,
dass jeden Tag Hunderte ihr Leben auf den
Straßen verlieren,
dass Menschen einander Gewalt antun?
Ich möchte glauben,
Gott,
dass alles, was geschieht,
seinen Sinn hat.
Aber ich finde keinen Sinn darin.
Weil ich dich nicht finde,
Gott,
in meinen Fragen,
in meinen Ängsten,
in meinen Zweifeln.

Nimm mir meine Angst!

Ich bitte dich,
Gott,
nimm mir
meine traurigen Gedanken,
meine dunklen Erinnerungen,
meine bedrohlichen Ahnungen
und meine beklemmenden Ängste
und erfülle mich
mit beschwingter Leichtigkeit,
mit befreiender Gelassenheit,
mit froh machender Zuversicht
und mit ermutigendem Glauben.

Lass uns nicht allein!

Es fällt so schwer,
Gott,
einen Menschen leiden zu sehen
und ihm nicht helfen zu können.
Da zu sein
und doch nicht ganz da zu sein.
Und dann wieder gehen zu müssen –
den Kopf voller Fragen,
auf die niemand eine Antwort weiß.
Ich bitte dich,
Gott,
lass niemanden allein in seinem Leid.
Sei bei ihm,
wenn er Schmerzen hat,
wenn er klagt,
wenn er zweifelt.
Sei bei ihm
in seinen dunklen und dunkelsten Stunden.
Sei bei ihm
bis zum Ende,
bis zu seinem letzten Atemzug.
Bis er seinen Frieden finden kann.
In dir.

Ich bin ärmer geworden

Ich bin traurig,
Gott.
Einer der liebsten Menschen,
die ich kannte,
lebt nicht mehr.
Ich spüre,
ich bin ärmer geworden.
Was wird jetzt werden?
Aus mir
und aus meinem Leben?
Ich bitte dich,
befreie mich von der Dunkelheit,
die mich jetzt erfüllt und umgibt.
Verwandle meine Verzweiflung in Zuversicht,
meine Sorgen in Mut
und meine Trauer in heitere Gelassenheit.
Nicht heute.
Und nicht morgen.
Aber eines Tages,
wenn die Zeit dafür gekommen ist.
Und lass mich aus meiner Erinnerung an die
Vergangenheit
wieder Kraft für die Zukunft schöpfen.

Ich denke an mein Ende

Alles vergeht.
Auch unser Leben.
Eine Binsenweisheit.
Und doch bekomme ich es manchmal mit der Angst,
wenn ich daran denke,
dass auch für mich einmal der Augenblick kommt,
in dem ich Abschied nehmen muss.
Abschied
von meiner Familie,
von meiner Umgebung,
von meinem Leben.
Was dann?
Ich bitte dich, Gott,
richte mich wieder auf,
wenn mich traurige Gedanken niederdrücken
und mir bange wird vor meinem Ende.
Verwandle meine Sorgen in Zuversicht
und meine Zweifel in Vertrauen.
Lass mich nicht an den Tod nach dem Leben denken,
sondern lass mich an das Leben nach dem Tod glauben,
zu dem du uns erwartest.

Trostlied

In jeder Nacht, die mich bedroht,
ist immer noch dein Stern erschienen.
Und fordert es, Herr, dein Gebot,
so naht dein Engel, mir zu dienen.
In welchen Nöten ich mich fand,
du hast dein starkes Wort gesandt.

Hat banger Zweifel mich gequält,
hast du die Wahrheit nie entzogen.
Dein großes Herz hat nicht gezählt,
wie oft ich mich und dich betrogen.
Du wusstest ja, was mir gebricht.
Dein Wort bestand: Es werde Licht!

Hat schwere Sorge mich bedrängt,
ward deine Treue mir verheißen.
Den Strauchelnden hast du gelenkt
und wirst ihn stets vom Abgrund reißen.
Wann immer ich den Weg nicht sah:
dein Wort wies ihn. Das Ziel war nah.

Hat meine Sünde mich verklagt,
hast du den Freispruch schon verkündet.
Wo hat ein Richter je gesagt,
er sei dem Schuldigen verbündet?

Was ich auch über mich gebracht,
dein Wort hat stets mein Heil bedacht.

In jeder Nacht, die mich umfängt,
darf ich in deine Arme fallen,
und du, der nichts als Liebe denkt,
wachst über mir, wachst über allen.
Du birgst mich in der Finsternis.
Dein Wort bleibt noch im Tod gewiss.

Jochen Klepper

„Ich möchte Glauben haben"

Anfechtung und Zweifel

Ich möchte Glauben haben,
der über Zweifel siegt,
der Antwort weiß auf Fragen
und Halt im Leben gibt.

Ich möchte Hoffnung haben
für mich und meine Welt,
die auch in dunklen Tagen
die Zukunft offen hält.

Ich möchte Liebe haben,
die mir die Freiheit gibt,
zum andern ja zu sagen,
die vorbehaltlos liebt.

Herr, du kannst alles geben:
dass Glauben in mir reift,
dass Hoffnung wächst zum Leben
und Liebe mich ergreift.

Evangelisches Gesangbuch Bayern 622

Inmitten der Dornen

Warum zwingst du mich, Herr, zu dieser
Durchquerung der Wüste?
Ich plage mich inmitten der Dornen.
Es bedarf nur eines Zeichens von Dir,
damit sich die Wüste verwandelt,
damit der blonde Sand und der Horizont
und der große stille Wind nicht mehr
nur unzusammenhängende Dinge sind,
sondern ein weites Reich bilden,
an dem ich mich begeistere
und durch das hindurch ich Dich erkenne.

Antoine de Saint-Exupéry

Ich weiß: Du bist da

Ich weiß nicht,
warum wir dieses Leben noch lieben,
wo doch alles so unsicher ist.
Es ist mir nicht möglich,
Herr,
dich zu verlassen,
und doch habe ich mich oft von dir abgewendet.
Daher auch meine ständige Angst.
Denn wenn du dich zurückziehen würdest,
fiele ich mit allem Guten, das ich von dir empfangen habe,
elend zu Boden.
Obwohl ich dich verließ, hast du mich nie verlassen
und mir immer deine Hand zum Aufstehen gereicht.
Oft aber,
Herr,
wollte ich deine Hand nicht ergreifen
und deine Stimme nicht hören.
Herr,
wie ganz anders sind deine Wege als unsere einfältigen Vorstellungen!
Du verlangst von einem Menschen,

der sich entschlossen hat,
dich zu lieben und sich dir zu überlassen,
weiter nichts, als dass er bereit ist, dir zu folgen,
und annimmt, was du ihm aufträgst!
So weiß ich,
dass du auch in der Küche zwischen den Töpfen umhergehst
und uns hilfst, bei allem, was wir tun.

Teresa von Avila

Schreckensbilder

Tag für Tag,
Gott,
lese ich in der Zeitung von Terror und Willkür
und sehe Bilder von Gewalt und Krieg.
Mir gehen die Opfer nicht mehr aus dem Sinn,
ihre Angst, ihre Schmerzen;
ich denke an die trauernden Hinterbliebenen,
für die nichts mehr wird, wie es einmal war;
und ich bewundere die vielen Helferinnen und
Helfer,
die ihr Leben selbst aufs Spiel setzen.
Ich frage mich
und ich frage dich,
Gott:
Welchen Sinn hat es,
wenn Menschen einander grundlos Gewalt
antun,
wenn das Leben unzähliger Frauen und
Männer von einem Augenblick zum anderen
vernichtet wird,
wenn Familien auseinander gerissen werden?
Ich suche nach einer Antwort auf meine
Fragen;
aber ich finde nichts, was mich zufrieden stellt
und beruhigt.

Deswegen bitte ich dich,
Gott,
gib mir die Kraft,
mit den Ereignissen, die mir Angst machen,
mit den Bildern, die mich bedrücken,
und mit den Fragen, die mir niemand
beantworten kann,
zu leben –
und zu glauben.

Wo ist deine Liebe, Gott?

Jeden Tag dasselbe:
hungernde Kinder,
Tote bei Terroranschlägen,
Opfer von Naturkatastrophen. –
Ich kann sie nicht mehr ertragen,
die Bilder der Nachrichten,
die mir Armut und Elend,
Krieg und Gewalt,
Leiden und Tod
immer wieder neu vor Augen führen.
Sie erschüttern nicht nur mein Herz,
sondern auch meinen Glauben.
Wie kannst du so etwas zulassen,
Gott?
Wo ist deine Liebe geblieben,
deine Güte, deine Barmherzigkeit?
Haben doch die Recht,
die sagen, dass es dich gar nicht gibt?
Meine Fragen lassen mich verzweifeln,
Gott,
und ich spüre:
Mein Glaube ist zu schwach,
meine Zweifel zu vertreiben
angesichts all des Schrecklichen,
das zu ertragen du Menschen zumutest.

Und doch hält eine innere Stimme
mein Vertrauen zu dir am Leben
und ich kann nicht aufhören
zu hoffen,
dass sich hinter allem,
was geschieht, ein Sinn verbirgt;
auch wenn ich ihn nicht erkenne.

Hilf mir in meinen Zweifeln!

Ich vertraue dir,
Gott,
und bin mir sicher,
dass du bei mir bist –
bei jedem Schritt,
in jedem Augenblick,
bei jedem Atemzug meines Lebens.
Aber ich erlebe auch das Gegenteil:
Ungläubigkeit und Skepsis,
Anfechtung und Misstrauen,
Beklommenheit und Angst.
Ich bitte dich,
Gott,
hilf mir in meinen Zweifeln
und befreie mich von meiner Unsicherheit.
Hilf mir,
dich zu erkennen
in tröstenden Worten,
in ermutigenden Zeichen,
in liebevollen Gesten.
Und stärke mich in meinem Glauben,
dass du es bist,
der mich führt und begleitet,
wenn ich Erfolg habe und Glück empfinde;
dass du es bist,

der zu mir spricht,
wenn Menschen mich spüren lassen,
dass sie es gut mit mir meinen;
dass du es bist,
der mich trägt,
wenn ich Schwierigkeiten überwinde
und wieder neuen Lebensmut finde.

Ich kann dich nicht mehr finden

Als ich ein Kind war,
hat man mir beigebracht,
dass du lieb bist,
Gott,
und dass du deine schützende Hand über alle hältst,
die dir vertrauen.
Wie schön war es, das zu glauben!
Und jetzt,
da ich erwachsen bin?
Ich lese von
Dürreperioden und Hungersnöten,
von Vulkanausbrüchen und Überschwemmungen,
von Epidemien und anderen Katastrophen.
Ungezählt sind die,
die ihr Leben verlieren.
Auch sie haben dir vertraut
und hatten gelernt,
vom „lieben Gott“ zu sprechen.
Wenn ich all das Leid in der Welt sehe,
kann ich nichts mehr erkennen
von dem Gott,
den ich als Kind lieben gelernt habe.

Ja, mehr noch!
Ich kann dich nicht mehr finden,
Gott,
so sehr ich dich auch suche.
Verzweifelt
beginne ich
zu zweifeln
an deiner Liebe,
an deinem Segen,
an dir,
Gott.

Hilf mir verstehen!

In meiner Bibel, Gott,
finde ich so viele gute Worte.
Worte, die mich trösten,
wenn ich niedergeschlagen bin.
Worte, die mich ermutigen,
wenn ich nicht mehr weiter weiß.
Worte, die mir meinen Weg weisen,
wenn ich nach Orientierung suche.
Worte, die mich dankbar machen.
Ich finde aber auch vieles,
das zu verstehen mir schwer fällt.
Worte, mit denen du drohst, Gott.
Worte, die Unheil verkünden.
Worte, die mir Angst machen.
Ich mag nicht glauben,
dass du es bist,
der so etwas gesagt hat.
Ich kann nicht begreifen,
wie Menschen so etwas schreiben konnten,
die dir vertrauen.
Öffne mir die Augen
und lass mich durchschauen,
was hinter all den Worten steht,
die deine frohe Botschaft verhüllen.
Hilf mir verstehen.